Extreme Customer Service

极致服务

真理101句

岳鹏飞·著

ECS极致服务创始人

中国经济出版社
CHINA ECONOMIC PUBLISHING HOUSE

·北京·

图书在版编目（CIP）数据

极致服务真理101句／（澳）岳鹏飞著．--北京：中国经济出版社，2021.1

ISBN 978-7-5136-6160-7

Ⅰ.①极… Ⅱ.①岳… Ⅲ.①服务业-企业管理-研究 Ⅳ.①F719

中国版本图书馆CIP数据核字（2020）第126792号

责任编辑　孙晓霞
责任印制　马小宾
封面设计　任燕飞设计工作室

出版发行　中国经济出版社
印 刷 者　北京力信诚印刷有限公司
经 销 者　各地新华书店
开　　本　880mm×1230mm　1/32
印　　张　7.625
字　　数　80千字
版　　次　2021年1月第1版
印　　次　2021年1月第1次
定　　价　42.00元
广告经营许可证　京西工商广字第8179号

中国经济出版社　**网址** www.economyph.com　**社址** 北京市东城区安定门外大街58号　**邮编** 100011
本版图书如存在印装质量问题，请与本社销售中心联系调换（联系电话：010-57512564）

“

Don’ t brag about how good your service is

Work hard to make customers your loyal fans

不要吹嘘你的服务

努力工作使客户成为你的忠实粉丝

——岳鹏飞

”

自序

PREFACE

随着商业竞争的日益激烈，产品之间的差异性越来越小，同质化越来越严重。因此，越来越多的企业已经意识到优质的客户服务不仅是吸引客户的一种手段，更可以成为企业的品牌价值和竞争优势，甚至是核心竞争力。

很多企业在客户服务方面投入了大量的人力和物力，制定了各种类型的服务体系与服务流程，同时也培训了很多的一线员工，但总感觉收效甚微，客户满意度和忠诚度始终无法得到有效地提高。结合笔者对各行各业的实际考察以及自身在客户服务领域的专业知识与经验，我认为目前中国很多企业在客户服务方面存在四大误区。

误区一：服务停留在表面。很多企业把员工的礼仪素养等同于服务，以为只要高呼一声“欢迎光临”“谢谢惠顾”，或是鞠躬弯腰、笑脸相迎就可以提升客户满意度。

误区二：服务只是高喊口号。很多商家为了吸引客户而牟利，大喊“客户就是上帝”“客户永远是对的”等这类不仅大而空，而且根本无法兑现的服务口号。其结果往往适得其反，对企业的声誉产生极大的负面影响。

误区三：服务没有底线。有些企业盲目追求客户满意度，对少数客户超出约定及合理服务范畴的蛮横要求，一味退让，甚至容忍客户对服务人员的肆意侮辱谩骂（笔者于 2017 年在“服务那些事”微信公众号上首发标题为“没有底线的服务就是纵容”一文引起了广大服务人员的强烈共鸣，至今阅读量已有几百万）。

误区四：服务人员的消极被动。服务人员的利益和诉求并没有得到关注和改善，他们往往是为了完成客户满意度绩效或保住饭碗，而不得不消极执行，缺乏职业自豪感和主人翁精神。

鉴于此，笔者才有了把自己创设的“ECS（Extreme Customer Service）极致服务体系（简称：ECS 极致服务）”，以及自己在客户服务领域将近三十年的管理咨询经验汇编成书与大家分享的想法。

ECS 极致服务体系的核心是“4S 服务体系”，从服务战略、服务体系、服务技巧和服务人员，这四个方面深入地解析了何谓“服务”，何谓“体系化服务”，何谓“ECS 极致服务”等具有实战指导意义的现代化服务理念。

为了方便大家阅读和参考，本书围绕着“ECS 极致服务”“4S 服务体系”分成四个部分，以“101 句真理”论点的形式展开，从各个层面剖析服务现状，并提供相对应的解决方案。

第一部分：1S——服务战略（STRATEGY）。企业高层管理决策者对于服务重要性的态度与认知，在根本上决定了该企业所能提供服务的广度、宽度与深度。

第二部分：2S——服务体系 (SYSTEM)。从服务标准化到服务个性化，服务体系让服务有章可循，将宏大虚幻的服务战略转化为现实。

第三部分：3S——服务技能（SKILL）。精准、精细的服务标准和热情温馨的服务技能，决定了终端客户的服务感知度和满意度。

第四部分：4S——服务人员（STAFF）。服务人员就像那一颗颗的螺丝钉，把服务战略、服务体系和服务技能紧密地连接在一起，从而获得最高产出。服务人员的职业素养往往成为企业服务层次高低的关键。

为了使本书对读者有更多的实战参考意义，笔者对各行各业的服务现状和管理体系做了长期而深入的考察与了解，尽可能地使书中内容可以更实时和更贴近现实。本书从动笔到最终定稿出版，历时三年。在此，衷心感谢为了本书顺利出版而投入大量人力和时间的 ECS 极致服务咨询团队的所有成员，以及合作的编辑及出版社。

希望读罢此书，能对您的固有服务观念有所冲击；对您的服务能力有所提升；对您的服务体系有所完善。愿 ECS 极致服务，不仅可以帮助您在客户服务领域有长足的进步，更可以帮助您树立积极主动的阳光服务心态。

岳鹏飞

ECS 极致服务创始人

2020 年 10 月 31 日

目录
CONTENTS

为什么员工不喜欢服务类工作？

为什么服务质量高开低走？

为什么标准化流程如此重要？

为什么“零投诉”是不可能实现的？

为什么投诉的客户是最有价值的客户？

为什么企业不愿意加大在服务方面的投入？

为什么提供给客户的服务却不是客户需要的？

为什么大部分企业都喜欢高喊夸张的服务口号？

为什么管理高层必须从战略的高度看待服务的重要性？

“为什么企业服务越做越好，客户反而变得越来越强势？”

ECS 极致服务 4S 体系

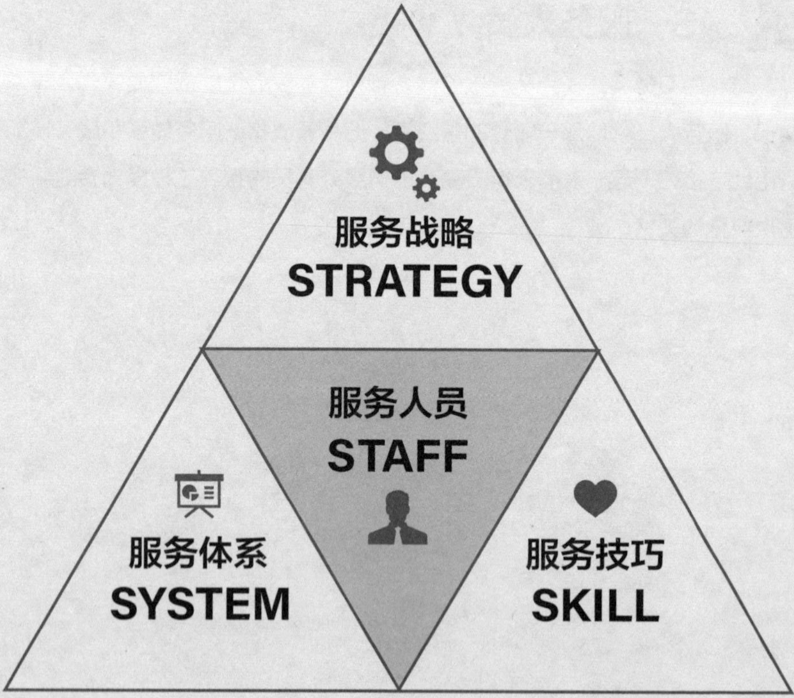

ECS
极致服务

1S

服务战略

STRATEGY

战略为企业的长期目标和愿景保驾护航，而企业的服务战略又决定了其所能提供服务层次的高低。企业高层管理决策者对于服务重要性的态度与认知，在根本上决定了该企业所能提供服务的广度、宽度与深度。

2号

-001-

没有底线的服务就是纵容！

极致的服务，并不代表没有底线的服务，没有底线的服务就是纵容！如果，企业或服务人员因为客户“威胁”投诉或向媒体曝光，就满足了客户违反规章制度或法律、法规的诉求，这样反而是对其他客户最大的不公平。如果，客户对服务人员破口大骂，服务人员还要默默忍受、点头哈腰，那么只会更加纵容这部分客户粗蛮的行为，进而使他们更加变本加厉。在一个和谐的社会里，服务应该是基于对等和互相尊重的基础上。服务人员与客户应互相尊重，就事论事解决问题，才是真正值得倡导的极致服务。

没有底线的服务就是纵容！！

文章选自“服务那些事”公众号

为什么服务越做越好，客户却越来越强势？

现在的商业社会竞争越来越激烈，企业为了自身的利益，都会努力把服务做好。

有些企业的确非常重视客户服务，在员工培训和提升服务质量方面投入了大量的人力、物力和财力，却发现服务越做越好，服务越做越细致，客户反而变得越来越强势和暴躁，轻则投诉、吵闹和谩骂，重则威胁甚至殴打服务人员。

这究竟是什么原因呢？很多企业的服务管理人员百思不得其解。下面我来讲一个亲眼所见的案例。

有一次，我去银行办理业务，正在我安静地坐等叫号的时候，前方 2 号柜台处突然传来一阵喧哗。

一位四十岁左右的中年妇女大声地指责柜员，情绪非常激动。年轻的女柜员显然不知该如何应对，脸涨得通红。周围的群众也纷纷趋前一探究竟。

原来，那位客户想取 30 万元现金，但银行规定任何超过 5 万元的大额取款都需要提前一天预约。

尽管那位年轻女柜员耐心而有礼貌地解释，但这位客户根本不加理睬，而且当她看到人群开始围观的时候，就更来劲了，情绪也更加激动，说话语速越来越快，甚至开始对女柜员进行谩骂。

年轻的女柜员哪里见过这个架势，脸涨得通红，手足无措不知道如何应对。面对那位客户的责骂又不能顶嘴，一脸的委屈和无辜，泪珠在眼眶里打转，可那位客户还是用手指着柜员喋喋不休地辱骂。

听到一片嘈杂声，网点负责人从二楼办公室匆匆赶到营业大厅，满脸堆笑地向客户解释。

我在旁边细细听着他们的对话，网点负责人努力地向客户解释银行对大额取款的规章制度以及缘由。然而那位客户根本不予理睬，反而谩骂得更欢、更凶，围观的人也越来越多，甚至还有人帮腔指责银行。

看到场面逐渐失去控制，网点负责人立刻请这位客户去贵宾室先休息一下，消消气，她会努力想办法为这位客户破例办理。

听到这样的承诺，这位客户才昂首挺胸地跟着网点负责人去了贵宾休息室。没过一会儿，大家就看到那位客户又昂首挺胸地走出了贵宾室，有好事的群众趋前询问女客户是否取到钱。

女客户带着胜利者的姿态，大声一字一顿地回复："当然取到了，30万元现金！"

离开营业厅的时候，这位客户还特意绕道从 2 号柜台前经过，横眼看着那位女柜员，鼻子里发出"哼"的一声，仿佛在说，什么破规定，什么大额取款提前通知，你看看我现在还不是照样取到了 30 万元现金?

然后，她带着一脸不屑，扬长而去。

正当我庆幸营业厅终于重归宁静的时候，突然在 4 号柜台前办理业务的一个年轻小伙也开始大声质问柜员："凭什么刚才那个人不提前通知就取现 30 万元，而你却要我预约通知? 我不管，既然刚才你们为她办理了，也同样要为我办理，叫你们行长下来处理，否则我要投诉你们！"

这样的场景每时每刻都在国内大大小小的银行网点一而再、再而三地上演。

为什么会这样?

在揭晓答案之前，先来考考各位读者对学校里所学的知识还记得多少吧。大家还记得巴甫洛夫定律吧? 巴甫洛夫定律是由俄罗斯著名的生理学家、经典条件反射学说创立者巴甫洛夫提出的。

该定律简单而言就是：把一条狗关在一个笼子里面，每次喂它之前，都会摇响同一频率和节奏的铃铛，假以时日，只要一听到该频率和节奏的铃铛声，这条狗的嘴里就会分泌唾液。因此，巴甫洛夫定律也被称作“条件反射定律”。

现在，各位读者应该明白上述案例中，为什么那位女客户取不到钱后情绪会越来越激动和暴躁，并肆意指责和谩骂银行工作人员，而那位取不到钱的年轻男客户也有样学样的原因了吧?

在上述案例中，网点负责人为了息事宁人和减少纠纷与麻烦，破例让女客户在没有提前通知的情况下就提取了 30 万元现金。虽然银行满足了客户的“特殊”需求，但女客户内心对此并不会有任何感谢之情。

她的思维逻辑是这样的：银行的规章制度都是蒙人的，我对他们越凶，他们就越容易屈服，就会对我越好。所以要想得到我所想要的，就要对他们开骂，而且骂得越凶，效果越好。

“客户越强势，服务就越好”的理念在女客户心中形成了一种条件反射。因此，她一不如意，就投诉、就开骂。

同时，“客户越强势，服务就越好”也成为银行网点负责人心中的条件反射，只要客户发飙，就屈服妥协，就尽量满足客户并不符合规定的“特殊”要求。

不仅如此，围观群众也“深受启发”，看到女客户满意而归后，“客户越强势，服务就越好”也不自觉地在其他客户心中形成条件反射。之后，如果银行不如他们意，他们也会依葫芦画瓢，效仿前者通过谩骂的方式达到自己的目的。

很多企业在提供服务的时候，往往是把最好的服务提供给了脾气最差、最暴躁、最出言不逊和最会投诉的客户。这种处理方式不仅潜移默化地培养了这类客户强盗行径的条件反射，还使其他“优质”客户也形成了恶性的条件反射。

启示

我在这里无意点评企业的规章制度是否合理，我想说的是，既然有规章制度，就得严格执行。如果我们因为客户吵闹得厉害，就破例满足客户的要求了，那么实际上我们是在帮助客户形成条件反射。客户会认为，我们的规章制度都只是装装样子而已，只要够凶、够蛮横和强词夺理，为了息事宁人，企业总是会屈服的。

我一直认为在实际服务客户过程中，企业要坚决对那些出言不逊、蛮横无理，甚至对企业员工进行人身攻击的客户说“不”！相反，企业应该把最好的服务给那些态度最温和、最有礼貌的客户，帮助客户形成一种“良性”的条件反射，使客户意识到如果自己态度越好，越有礼有节，企业就越愿意帮助自己和满足自己的需求。

ECS 极致服务真理101句

002

一个可以持续发展壮大的企业，一定拥有一个兼顾客户、员工、企业和社会四方面利益的良性服务价值链。

我们应该从宏观的价值链角度来看待服务。服务价值链不仅包括客户，还应该包含员工、企业和社会。良性的、可持续发展的服务价值链不仅提供了极致的客户体验，并且让员工从服务工作中获取认同和职业自豪感，同时还给企业创造了财富价值，更能够给周边的社群、环境和生态带来正面和积极的影响。这样拥有良性服务价值链的企业才能够在激烈的竞争中持续发展和壮大。

ECS
极致服务

日期________

天气________

Note________

ECS 极致服务真理101句

003

客户的存在，
是企业存在的唯一理由。

很多服务人员对客户爱搭不理；很多企业店大欺客，把客户的合理诉求视作无理取闹。殊不知他们今天能够拥有这样一份工作，能够拥有这样一家盈利的企业，全仰仗客户所赐。有一天客户不“需要”你了，不“麻烦”你了，你就没有存在的价值了。曾经在感光领域称霸一时的柯达就是很好的例子。

日期 ________

天气 ________

Note ________

ECS 极致服务真理 101句

004

极致的服务，
应该上升到品牌战略的高度。

极致的服务，应该被上升到品牌战略的高度，高层管理者必须高度重视服务质量。因为，客户是通过每次服务体验感受品牌的理念和价值。

ECS 极致服务

日期________

天气________

Note________

005

极致的服务，
可以提升客户对企业品牌的忠诚度和归属感。

所谓极致，就是尽全力提供最好的服务和体验，使客户体验到其他企业品牌所无法提供的、独一无二的惊喜和满足，从而产生强烈的归属感，进而形成排他性的忠诚度。

日期 ________

天气 ________

Note ________

ECS 极致服务真理 101® **006**

自上而下的服务理念才是最有效的。

服务质量的提升一定是自上而下的。海底捞之所以能够把服务做到极致，关键在于老板张勇夫妇对服务的高度重视。只有当管理高层具备把服务做好的意识和意愿，优质的服务体系和流程才能够得到有效的构建、推广和执行。

日期 ________

天气 ________

Note ________

▶ ECS 极致服务真理 101⑲ **007**

服务管理是个系统性的工程。

优质的客户服务，需要企业上至管理高层，下到一线服务人员等所有员工的通力协作。企业能够提供给客户的服务，是体系化服务管理的结果。

日期 ________ 天气 ________

Note ________

▶ ECS 极致服务真理 101句

008

做服务就是做细节，细节决定成败。

很多企业喜欢高谈阔论服务理念，高声呼喊“把客户当作上帝”这类假大空的口号，而从不愿意在细节上花心思。比如在豪华装修、高档布置的餐厅，服务员端上桌的餐碟却是有缺口的。一个企业的服务理念往往是通过很多微小的细节展现给客户的。

日期 ________　　天气 ________

Note ________

▶ ECS 极致服务真理101句

009

员工的服务水准是表象，
管理层对服务的认知才是根本。

儿童的言行举止往往是家长素质、素养和文明程度的体现。一线员工服务水准的优劣，往往体现了企业管理高层对服务认知水平的高低。

日期 ________

天气 ________

Note ________

010

企业内部服务水准的高低，决定了外部服务水准的优劣。

试想企业如果处处对员工很苛刻，员工何来归属感？部门之间相互推诿扯皮，工作何来效率？提供好的外部客户服务又从何而谈？！因此，企业内部互相服务的水准，决定了外部客户服务的质量。

日期________

天气________

Note________

▶ ECS 极致服务真理 101条

011

企业对待员工的态度，决定了员工对待工作和客户的态度。

企业都不把自己的员工当回事，员工又怎么可能把工作、客户当回事呢？

日期 ________

天气 ________

Note ________

▶ ECS 极致服务真理 101句

012

企业管理层应该清晰地告诉员工，提供优质服务能够给他们自身带来的好处。

企业通常只专注于做好服务能够给客户和企业带来的收益，却往往避而不谈做好服务可以给一线员工带来的收益。看不到做好服务能够给自身带来任何的好处，一线员工又怎会积极主动地把服务做到极致呢？

ECS
极致服务

日期________

天气________

Note________

▶ ECS 极致服务真理 101条

013

客户的感受是定义服务好坏的唯一标尺。

没有所谓“好的服务”或“差的服务”，客户觉得好就是好，客户觉得差就是差。客户的感受是企业服务好坏的度量衡。

日期 ________

天气 ________

Note ________

“用户至上、用心服务”之类的服务口号喊得越响，客户却越不满意。

响亮的服务口号也许是激励企业和员工把服务做好的动力，却因此而提升了客户对服务质量不切实际的高预期。预期与现实产生巨大的落差，客户的不满意也是情理之中。

日期________

天气________

Note________

▶ ECS 极致服务真理 101句 **015**

我们是否真的把最好的服务给了我们最优质的老客户？

银行最高的理财收益通常都是给新客户，美团、饿了么的首单优惠也都给了新客户。很多企业都错误地认为，既然老客户习惯重复采购了，就没有必要花太多精力和成本去维护了。这样做真的明智吗？

日期 ________

天气 ________

Note ________

ECS 极致服务真理 101句

016

优先维护好老客户，他们是企业和品牌最有价值的口碑传播者和财富缔造者。

老客户口碑宣传的效果要远超企业和品牌的自我宣传和标榜，其根本原因在于老客户与他们的口碑宣传对象之间具备足够的信任度。譬如，你朋友竭力推荐你尝试家门口那家餐厅的番茄炒蛋，你一定会欣然接受。所以，你朋友对你的影响力要远远超过这家餐厅的自我广告宣传。企业和品牌应该优先服务老客户，把最好的服务提供给老客户，感动他们，他们也就非常乐意把自己喜爱的企业和品牌推荐给身边的人。

ECS 极致服务

日期 ________　　天气 ________

Note ________

▶ ECS 极致服务真理 101句

017

我们提供给客户的服务，真的是客户所需要的吗？

很少有企业会在制定服务体系和流程前，愿意花时间了解客户的真实需求。其结果就是很多服务体系和流程都是企业自以为是地觉得客户需要和在意的。客户真的会在意服务人员那句公式化的“欢迎光临”吗？！

ECS
极致服务

日期 ________　　天气 ________

Note ________

▶ ECS 极致服务真理 101句

018

极致服务的精髓就是用户思维。

用户思维，就如某明星那句经典台词：“我不要你觉得，我要我觉得。”我们在服务客户时得站在客户的角度思考问题，要以客户为中心，一切围绕客户的需求而运作。

日期 ________　　天气 ________

Note ________

▶ ECS 极致服务真理 101句

019

服务
应该处处以核心客户群的感受为出发点。

企业和品牌都会面临很多诉求不同的客户群，提供的服务永远无法让每个客户都满意。整体服务策略应该聚焦核心客户群，提供针对核心客户群需求的定制化服务。

日期________

天气________

Note________

▶ ECS 极致服务真理 101句

020

有效管理客户的预期，将大大降低客户的投诉率。

很多投诉源自客户对服务抱有过高的预期。所以在品牌宣传和推广过程中，企业应该明确地告知客户哪些服务内容是预期内的，哪些服务内容是额外的。有效的客户预期管理往往能够提升客户的满意度并降低投诉率。

日期________

天气________

Note________

▶ ECS 极致服务真理 101句

021

就算服务达不到客户的预期，也要努力比竞争对手做得好。

客户对服务的预期是递增的，是不断变化的，很多时候企业并不可能满足客户对服务的所有预期。但是，“矮子里面挑高个”。就算不能达到客户的预期，企业也应该努力做得比竞争对手好，因为客户还是会选择那个最接近他们服务预期的企业。

日期 ________　　天气 ________

Note ________

ECS 极致服务真理 101句　022

售后服务，
是校验一个企业服务质量高低的真正试金石。

做好服务是需要投入人力、物力和金钱成本的，每个企业都会努力做好售前服务，因为好的售前服务可以为企业带来经济效益。企业能够从已经落袋为安的金钱收益里，再拿出一部分做好售后服务，那么这个企业真的可以算是良心企业了。

ECS
极致服务

日期 ________

天气 ________

Note ________

ECS 极致服务真理 101 **023**

“零投诉”真的能够实现吗？

很多企业盲目追求“零投诉”。所谓“零投诉”最多只能说明客户有了不满意也不投诉，或客户知道即便投诉也于事无补。企业应该把精力投入努力提升客户满意度，降低客户投诉率方面。

日期 ________

天气 ________

Note ________

▶ ECS 极致服务真理 101

024

要勇于“炒掉那个最烂的客户”。

俗话说，“一粒老鼠屎坏了一锅粥”。如果企业为了息事宁人，就低声下气地迎合极少数无理取闹的客户。最终的结果就是，不仅助长了他们的气焰，使他们更加变本加厉，同时还伤害了员工的尊严和服务积极性，更冒犯和得罪了很多核心优质客户，甚至使其他客户群起而仿效。

ECS
极致服务

日期________

天气________

Note________

ECS
极致服务

2S

服务体系

SYSTEM

服务体系为精准高效地执行战略提供保障。服务体系确保企业的服务战略可以落到实处，构建精细化服务的框架与机制。从服务标准化到服务个性化，服务体系让服务有章可循，将宏大虚幻的服务战略转化为现实。

百年老字号
我们老板说了，只要不碎成两瓣的碗碟都可以上！
这样的碗是化缘用的么？

SPA
我不办卡，新客户优惠更大。
No!
VIP
新客户优惠！

-025-

服务质量为什么总是高开低走?

为了快速地跑马圈地，很多企业往往会添油加醋，采取夸大其词地宣传自身的产品和服务的营销策略，这些企业永远把最优惠的产品和最好的服务给了新客户。他们的根本目的就是为了吸引新客户，为了快速占领市场，因为他们知道采用这种营销方式，新客户流入的速度要远远高于老客户流出的速度。

ECS
极致服务

企业百年孤独的背后是服务的高开低走

文章选自“服务那些事”公众号

我：中国知名企业有哪些呀?

同学：阿里巴巴、万达、华为、京东、海尔、中国工商银行……

我：这些企业中有哪些是“百年老字号”？

同学：……

我：中国的百年老字号有哪些?

同学：同仁堂？瑞蚨祥？六必居、王致和、全聚德、东来顺、牛栏山、狗不理、衡水老白干、六味斋、吴良材眼镜、张小泉剪刀、胡开文墨厂……

我：有哪些企业你经常光顾呢?

同学：估计我可能就去一下全聚德、东来顺了……

笔者来华年份不长也不短，但是中国的商业有一个怪像：“网红”企业层出不穷，能坚持下来的寥寥无几；百年企业大多摇摇欲坠，完全抵不过新兴互联网商家。这样的现象完全不符合商业发展规律。按理说，企业越大、越有历史，就会拥有越多的忠实客户，无论是老产品竞争还是新产品推广都越有优势。比如，我的父亲虽已移民，但仍念念不忘上海南翔小笼包。

说起“传承”，我非常佩服日本人。比如，日本的大丸于 1717 年从京都的一家和服店起家，发展到现在的大型百货公司，并曾在多个海外地区开设分店，包括中国台湾、中国香港、新加坡、泰国、澳大利亚墨尔本及黄金海岸地区等。在中国上海，也有“新世界大丸百货”。

本人有幸曾在日本游学。日本有很多“百年老字号”的店铺。但在中国，人们更可能去万达聚会，逛逛淘宝。当然你可以说，在国外也能用淘宝、微信、支付宝。但是不知能持续多久。

我一直很困惑，中国的传统企业怎么了？虽然互联网企业高速发展，给传统行业带来了冲击，但是其根本原因是什么？

网红门店、网红食品此起彼伏，但是精耕细作的企业产品和服务寥寥无几。比如之前红遍一时的餐厅“一茶一坐”，现在门可罗雀；网红奶茶、脏脏包、鲍师傅等也是昙花一现；天津狗不理包子也已经宣布退市。

产品做不好，服务也跟不上。

比如，银行“新客理财”产品的利率往往高于老客户的，何故？不得而知！我只知道，很多中国人有多张银行卡，办卡原因是新客户的产品利率高一点。大额资金转来转去，只是为了多一点点的利息。

年轻人也常常为了一个小礼物办信用卡，用过几次就销卡了。

我问助理：如果只用一张卡积分更多，年底也可以换礼物呀。

助理回答：年底积分换的礼物没有开卡的礼物好！还不如多办几张卡。

饿了么平台也非常有意思，新客户有 17 元的优惠券，老客户的 VIP 服务不断下调。我的助理将她父母的微信账号都注册了饿了么，就为了多享受一次“新客 17 元优惠”的福利。“便宜谁不占呢！”助理这样对我说。然后这个账户就再也没有用过了！

服务质量的高开低走，老客户不如新客户的待遇好，使大家在同行多个品牌中计算价格后跳来跳去，并津津乐道，乐此不疲。其结果是，一旦企业没有风投投资提供优惠之后，客户流失，企业自然经营不下去。

试问，这些“百年老字号”企业中，有多少认真对待老客户？有多少给老客户最大的优惠和优质的服务？我多么期望有人告诉我，我爷爷在这家饭店结婚，我也在这家饭店结婚！或者我外婆、我妈妈在这家店做衣服，将来我女儿也在这家店做衣服！

企业百年“孤独”的背后，是服务的高开低走。流失的不仅仅是优质客户，更是企业的文化传承。

我深感惋惜！

026

Extreme Customer Service

发自内心的服务是企业持续发展和壮大的基石。

出发点的不同，决定了服务高度的不同！以赚钱为唯一目的的服务是不可持续的，也终将被消费者唾弃。发自内心的服务，才会真正让客户觉得宾至如归，才会对企业和品牌产生依赖和忠诚，这是企业和品牌持续发展壮大的基石。

日期________

天气________

Note________

027

确定企业核心客户群
是打造定制化服务体系的先决条件。

Extreme
Customer
Service

“鱼与熊掌难以兼得”，在打造服务体系前，企业应先确定核心客户群，围绕核心客户群的需求构建和定制服务体系与标准。

日期________

天气________

Note________

028

Extreme Customer Service

优化服务体系、提升服务质量的第一步，是先进行详细精准的客户调研。

“知彼知己，百战不殆”。优秀的厨师首先要详细了解食客的口味喜好，才能烹饪出一桌赢得满堂喝彩的宴席。对客户需求详细精准的调研与分析是构建高效服务体系的先决条件。

日期________

天气________

Note________

029

“请对我们的服务进行点评：满意请按1，不满意请按2”——这样的服务满意度调研有用吗？

满意也好，不满意也好，企业无法得知客户的具体满意之处或不满意之处，这样的调研对提升服务质量没有实质性的指导意义。

日期 ________

天气 ________

Note ________

030

SOP 标准化服务流程是全面提升服务质量的起点。

SOP(Standard Operating Procedure) 标准化服务流程的精髓，就是将服务步骤和细节进行量化。标准服务流程最大的好处在于，提供给客户的服务不会因为服务人员的不同而造成服务质量和客户感受的差异。

日期 ________

天气 ________

Note ________

031

在标准化服务的基础上，因客而异地提供个性化、定制化的服务，可以给客户带来独一无二的愉悦和惊喜。

Extreme Customer Service

每个客户的需求都不一样，个性化、定制化的服务是服务的至高境界。客户的需求不再被简单当作营销数据，而是真正享受到关怀。个性化和定制化的服务可以增强客户对企业的认同感和归属感，从而形成牢固的，排他性的忠诚度。

日期 ________

天气 ________

Note ________

032

服务中的一个细节，往往最终决定了客户对整体服务的感受。

客户对企业服务质量的感知，往往是由很多细微和看似无关紧要的服务细节组成的。一个点头、一个微笑往往就能给客户带来惊喜和感动。

日期 ________

天气 ________

Note ________

033

信赖度指的是企业能否始终如一履行对客户的承诺。

Extreme
Customer
Service

“一言既出，驷马难追”“言必信，行必果”。“诚信待客”是目前很多只顾追逐利益的企业缺乏的，而恰恰又是客户最看重的。

日期 ________　　　　天气 ________

Note ________

▶ ECS 极致服务真理 101句

034

服务响应的速度
是客户满意度的重要组成部分。

“客户电话在三声响铃内接听。”“客户说话，服务人员要及时回应。”服务人员对客户诉求响应的快慢，是客户对企业服务是否满意的重要评判指标之一。

日期________

天气________

Note________

▶ ECS 极致服务真理 101句 **035**

餐巾纸、白开水都要收费的餐厅，为什么食材一定不是最新鲜的？

连本应该免费提供的餐巾纸、白开水都要收费，这种餐厅的老板一定是斤斤计较唯利是图的人。试想，这种老板去批发进货时，会挑选最好和最新鲜的食材吗？会用矿泉水或过滤水煮面或煮汤吗？

日期 ________　　　　天气 ________

Note ________

▶ ECS 极致服务真理 101句

036

为什么洗手间脏乱不堪的餐厅，食品卫生一定不合格？

给顾客使用的洗手间都脏乱不堪了，顾客看不到的厨房会干净吗？门面都不要了，里子能好到哪里去？这就是服务管理中通常所说的“窥一斑而知全豹”。

日期 ________ 天气 ________

Note ________

▶ ECS 极致服务真理 101句

037

Extreme Customer Service

优质的服务就只是露出八颗牙齿的微笑和千篇一律的『欢迎光临』吗？

很多企业在培训服务人员时，往往只注重表面功夫。客户真的会在意微笑有没有露出八颗牙齿，或者千篇一律的“欢迎光临”吗？现实中，客户最看重的是发自内心的亲和力和宾至如归的氛围。

日期 ________　　天气 ________

Note ________

038

跪式服务的背后，是男尊女卑的封建男权主义思想在作祟。

Extreme Customer Service

每次乘坐飞机，当漂亮美丽的空乘半蹲半跪着说话的时候，总会让人诚惶诚恐。刻意营造客户的居高临下，服务人员的抬头仰视，本质上是对服务工作的轻视和服务人员的不尊重。

日期________

天气________

Note________

039

MIM——Most Important Moment.

抓住核心关键时刻。

服务过程中有很多节点和细节需要面面俱到，企业首先应该把最核心关键的，也就是客户最关注的做好。航空公司最核心关键的是安全，医院最核心关键的是医术，银行最核心关键的是风控。

ECS
极致服务

日期________

天气________

Note________

▶ ECS 极致服务真理 101 句

040

客户购买了产品，真正的服务才刚刚开始。

很多企业非常重视产品营销却轻视售后服务。要知道，客户购买了产品，实际是购买了企业对客户做出的承诺。企业对产品的承诺和客户对产品的预期能否兑现，都要通过优质的售后服务来实现。

日期 ________

天气 ________

Note ________

▶ ECS 极致服务真理 101句

041

Extreme Customer Service

品牌知名度越响亮，客户对服务的预期就越高。

明星越大牌，观众的预期就越高。同样道理，品牌知名度越响亮，客户对产品和服务的预期就越高。同样消费 10 元钱，客户对麦当劳的食品和服务的预期要远远超过路边小食摊。

日期 ________

天气 ________

Note ________

042

Extreme Customer Service

产品价格越高，客户对服务的预期就越高。

客户付出越多，就希望得到越多，客户对服务的预期和产品的价格是成正比的。航空公司头等舱客户对服务的“吹毛求疵”也就显得合情合理。

日期 ________　　天气 ________

Note ________

043

客户级别越高，对服务的预期就越高。

Extreme Customer Service

客户对企业服务的预期会随着客户级别的攀升而不断提高。银行最高级别的私行客户对服务的预期和要求肯定会很高。

日期 ________

天气 ________

Note ________

044

Extreme Customer Service

客户过去的经历，决定了其对服务的预期。

同样的服务，张三觉得不错，但李四就可能觉得很差。很多时候客户对企业服务质量的评价，是由客户所经历过的服务水准决定的。要提供超预期的服务就得提前了解不同客户的背景与经历。

日期 ________

天气 ________

Note ________

045

首问责任制可以大大提高服务的效率，提升客户的满意度。

Extreme Customer Service

“首问责任制”简单而言，就是第一个接洽客户需求的工作人员，要对客户全程负责，直至问题的解决，以防止企业内部的扯皮和推诿，从而提升客户满意度。“首问责任制”能否贯彻执行的关键在于，严谨完善的内部问责机制。

日期________

天气________

Note________

▶ ECS 极致服务真理 101句

046

服务不仅仅是一线服务人员的事。

一个企业的服务质量不仅仅体现在由一线服务人员呈现的外部客户服务上。企业内部的管理、人事、财务和后勤等各部门的内部服务意识和协作，最终都会影响外部客户服务的质量。

日期________

天气________

Note________

047

Extreme Customer Service

管理者应该处处成为员工的服务表率。

“上梁不正下梁歪。”一个总是在员工面前抱怨客户的领导，如何期望员工能够把服务做到极致呢？管理者对客户服务的认知和态度，最终决定了员工服务质量的优劣。

日期 ________

天气 ________

Note ________

► ECS 极致服务真理 101®

048

企业管理层反复强调服务的重要性，为什么很多员工却只当作耳旁风？

Extreme Customer Service

企业管理层总是强调做好服务能够给客户和企业带来的好处和收益，却从没有告诉员工做好服务能够给他们带来的切身好处和收益。做好做坏，做多做少都一个样，员工消极怠工，怠慢客户也就显得情有可原。

日期

天气

Note

ECS 极致服务真理 101

049

调动员工服务的积极性，往往要从企业内部制度体系改革着手。

在很多企业高层管理者的认知里，总以为销售是企业的核心部门，关乎企业的收益，其他部门特别是客服等后勤保障部门都是次要的。其实，这些部门同等重要，销售只是售卖了一个预期给客户，这个预期需要客服和后勤等保障部门来兑现。“兵马未动，粮草先行”，因此客服和后勤等保障部门的员工都应该得到企业内部制度体系的同等肯定、尊重和激励。

日期________

天气________

Note________

050

Extreme Customer Service

保护员工在服务客户过程中，
不受到言语侮辱和谩骂是企业应尽的责任。

员工服务工作做得不到位，企业管理者应该批评、教育和培训他们。同时，企业也有责任和义务保护服务人员在工作中不受到客户言语的侮辱和谩骂。

日期 ________

天气 ________

Note ________

ECS
极致服务

3S

服务技能

SKILL

一个企业服务战略的精准度和服务体系的完善度，都离不开服务技巧来最终呈现。精准、精细的服务标准和热情温馨的服务技能，决定了终端客户的服务感知度和满意度。

×××火锅店
祝你生日快乐…

051

极致的服务，是变被动服务为主动服务。

现在很多企业的服务都是流程化和程序化，所谓“被动服务”就是客户发起对服务的诉求，企业用最小的成本，最快的速度去满足客户。在这样的服务过程中，企业追求的是高效，永远只是把客户当作大数据，当作营销和盈利的目标，而很少真正发自内心主动地关怀和服务客户。极致的服务是真正的以客为尊，处处以客户为中心，主动地发自内心地尽全力去服务客户。

ECS 极致服务

日期 ________

天气 ________

Note ________

ECS 极致服务真理 101条

052

在有效管理客户对服务预期的前提下，努力超越客户的预期。

服务越好，客户对服务的预期就越高，企业不可能每次都超越客户的预期。在有效管理客户对服务预期的同时，努力在细微处给客户制造惊喜，这才是最具实操性的服务技巧。

日期________ 天气________

Note________

▶ ECS 极致服务真理 101句 **053**

竞争对手的服务水准，决定了客户对企业提供服务的预期。

客户会用竞争对手的服务水准来衡量企业的服务水准。了解竞争对手的服务水准和质量有助于企业制定具有针对性并凸显竞争优势的服务流程和体系。

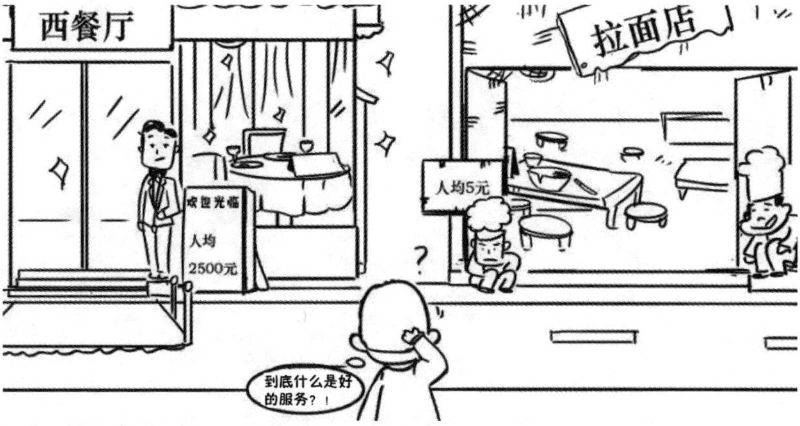

日期 ________ 天气 ________

Note ________

054

被媒体广告、网络平台大力宣传吸引而来的客户，对服务的预期越高。

客户对大打广告的品牌，对点评网之类口碑平台上的五星好评店铺的预期往往都非常高。

ECS
极致服务

日期________

天气________

Note________

▶ ECS 极致服务真理 101句

055

通过口碑传播而获取的客户，对服务的预期越高。

口碑在帮助企业获客的同时，也大大提高了客户对服务的预期。你对同事推荐的“网红”店和海底捞的服务充满了高预期。

日期 ________ 天气 ________

Note ________

▶ ECS 极致服务真理 101句

056

言而有信，确保后续服务的落实与执行。

很多企业和服务人员为了避免投诉的客户把事态扩大，对企业和品牌造成负面的影响，往往会虚与委蛇，给予客户根本无法兑现的承诺和保证，把客户暂时打发了事。实际上，没有任何后续的落实和执行，客户受骗后的二次投诉，会对企业和品牌的声誉产生致命或不可挽回的影响。

日期 ________　　天气 ________

Note ________

057

专业度的高低，直接决定了我们的服务与竞争对手之间的差距。

在服务客户时，行为举止、遣词造句和待人接物等各个维度都要保持高度专业。高度专业可以让客户产生认同感和依赖感，从而帮助企业和品牌建立竞争优势。

日期 ________

天气 ________

Note ________

ECS 极致服务真理 101句

058

这个世界上没有“无理取闹”的客户，有的只是保护自身利益的客户。

趋利避害是人类的天性和本能，所谓“无理取闹”的客户，只不过是在竭尽全力地维护自身的利益。

日期 ________　　天气 ________

Note ________

▶ ECS 极致服务真理 101 条

059

虚与委蛇，敷衍了事，
终将失去客户的信任。

客户不是傻瓜，是不是虚与委蛇和敷衍了事，客户是可以感受到的。以真心换真心，我们用 100% 的努力去帮助客户，客户也会给予我们 100% 的回报。

日期 ________　　天气 ________

Note ________

060

如果真的是企业做错了，请不要再做辩解，真心致歉努力弥补，这样客户反而比较容易原谅企业所犯的错误。

如果真的是企业做错了，那就不要再找理由解释，理由找得越多，客户越会觉得企业在推卸责任。真心实意向客户表达歉意，努力补偿客户，这样做客户反而比较容易原谅企业所犯的错误。

ECS
极致服务

日期 ________　　天气 ________

Note ________

ECS 极致服务真理 101句

061

客户的言行都是结果，我们首先要找到其背后真正的原因，才能进行高效的沟通与服务。

我们所有看到的、听到的都是结果，有结果必定有原因。客户抱怨服务效率低的时候，我们先不要忙着为自己辩解，而应该先耐心地向客户提问，为什么会觉得我们服务效率低。努力找到客户抱怨的缘由，了解整个事件的来龙去脉，这样我们才能更加有针对性地解决问题。

日期＿＿＿＿＿

天气＿＿＿＿＿

Note＿＿＿＿＿

ECS 极致服务真理 101句

062

服务人员沟通能力的高下，往往是对待客户服务态度好坏的分水岭。

员工是企业和品牌的代表与发言人。服务人员的言语沟通能力直接决定了客户对服务水准的感受。

日期 ________

天气 ________

Note ________

063

亲和力
是优秀服务人员必须具备的职业素养。

“抬手不打笑脸人”。温暖亲切的微笑，无声传递着服务人员对客户的关怀和友爱。亲和力是优秀服务人员必须具备的职业素养，企业应把是否具备亲和力作为遴选服务人员的重要标尺。

ECS
极致服务

日期 ________

天气 ________

Note ________

064

闲话家常、赞美客户
是拉近与客户之间的距离、建立信任度的有效方法之一。

我们都喜欢与自己喜欢的人打交道，肯定客户、赞美客户能够让客户产生被认同感，从而激发他们对服务人员和企业产生好感和信任感。

ECS
极致服务

日期________

天气________

Note________

065

倾心聆听，适时回应，
可以让客户感受到被关注和被尊重。

不插嘴、不打断客户，给予客户充足的时间表述自身的观点；倾心聆听，眼睛温和地直视对方，适时回应，可以让客户感受到我们对他们的关注和尊重，进而为高效服务做好铺垫。

日期 ________

天气 ________

Note ________

066

在与客户沟通时，服务人员要尽量少用带有负面含义的言辞而尽量多用带有正面含义的词语表达自己的观点。

带有负面含义的词语给客户的心理感受是负面的，带有正面含义的词语给客户的心理感受是正面的。“先生，没有身份证是不能取钱的。”这句话里有两个带有负面否定的词语“没有”和“不能”。另外一种回答，“先生，如果您可以带上身份证来取钱的话，我会即刻帮助您办理。”两句话表达同样的意思，但客户的感受却完全不同。

ECS
极致服务

日期 ________　　　　天气 ________

Note ________

067

投诉的客户要的不是解释，而是解决方案。

处理客户投诉时，服务人员应该始终聚焦客户的诉求以及自身权限范围内可以落实的解决方案，努力为客户解决问题。专注于给客户提供解决方案，可以帮助服务人员更高效地处理客户投诉。

日期 ________　　天气 ________

Note ________

068

换位思考
是了解客户需求的起点。

只有站在客户的角度，从客户的视角思考和审视，企业才能够更好地把握客户的需求，进而提供更精确和优质的服务。

日期 ________ 天气 ________

Note ________

▶ ECS 极致服务真理 101®

069

同理心指的是
服务人员能否设身处地为客户着想。

很多时候，由于客观原因无法帮助客户解决问题或履约。譬如，由天气原因造成的航班延误。但是，服务人员至少应该站在客户的角度看问题，同情和理解客户的遭遇，这样才比较容易获得客户的理解和配合。

日期 ________ 天气 ________

Note ________

070

用兵法管理投诉客户的情绪，给客户时间和空间发泄心中的不满。

投诉时的客户往往情绪激动，就像一只在煤气灶上煮了很久的高压锅，压力已经到达了极限。这个时候，我们服务人员最应该做的就是多听少说，先让客户发泄情绪，释放压力。“一而再，再而衰，三而竭。”讲的就是这个道理。客户情绪释放后，就会提出自己的真实诉求。这时候，我们就可以把精力花在与客户达成双方都可以接受的解决方案上。

ECS
极致服务

日期 ________

天气 ________

Note ________

071

引导客户去安静的场所，单独面谈沟通，往往能够快速平复投诉客户的情绪。

我们应该尽量避免在大庭广众之下处理客户的投诉，因为有其他客户或路人的驻足围观和议论，投诉的客户碍于面子会更强硬地坚持自己的诉求。虽然很多时候他们内心其实也知道这些诉求是比较牵强和不合理的。此时，我们应该有技巧地引导客户到相对安静的场所，面对面单独与客户进行沟通协商，客户会比较容易回归理性，从而和我们一起聚焦问题的解决。

日期________

天气________

Note________

072

上报领导获取更多权限，努力为客户争取解决方案。

很多时候，客户的诉求往往会超越一线服务人员的权限，服务人员不应该生硬地拒绝客户，而应该适时请示领导获取授权，努力为客户争取解决方案。因为，领导会站在不同的角度和高度审视客户的诉求，从而做出最恰当的抉择。

日期 ________

天气 ________

Note ________

073

学会拒绝，学会说“NO”，坚守服务的底线。

极致的服务，并不代表没有底线的服务，没有底线的服务就是纵容！如果，服务人员因为客户“威胁”投诉或向媒体曝光，就满足了客户违反规章制度或法律、法规的诉求，这样做反而是对其他客户的最大不公平。如果，客户对服务人员破口大骂，服务人员还要默默忍受、点头哈腰，那么只会更加纵容这部分客户粗蛮的行为，进而变本加厉。在一个和谐的社会里，服务应该是基于对等和互相尊重的基础上。服务人员和客户彼此互相尊重，就事论事解决问题，才是极致服务的真正蕴意。

ECS
极致服务

日期 ________ 天气 ________

Note ________

▶ ECS 极致服务真理 101句 **074**

不卑不亢、有礼有节是最佳的服务模式。

“We are ladies and gentlemen serving ladies and gentlemen”，丽思卡尔顿酒店（Riz-Carlton）这句服务座右铭，“我们是服务女士与绅士的女士与绅士”，高度概括了优质服务的本质。企业服务人员尽全力提供给客户极致的服务体验，客户支付相应的金钱获取其所期望的服务。整个服务过程应该是双向、双赢互相尊重的，而不只是任何一方凌驾于另外一方之上。优质服务也是有尺度的，有礼有节的服务，说的就是既有礼貌又有底线。

日期 ________

天气 ________

Note ________

-075-

客户永远都是对的吗？
客户真的就是上帝吗？

一方面企业给员工灌输“客户永远是对的”的服务理念，一方面客户的诉求又与企业制定的规章制度相违背，作为服务排头兵的一线员工该有多么的为难啊！“客户永远是对的”“客户是上帝”更多的是表明企业对客户的尊重，但尊重客户不代表可以满足客户全部的诉求。

顾客如果都是上帝，那天堂的面积得有多大呀？！

文章选自“服务那些事”公众号

客户永远是对的？

客户是上帝？那天堂的面积得有多大呀，容得下这么多上帝么？

客户如果错了，那一定是我有错在先！呵呵，我错就错在踏入了服务行业。

超越客户的预期？

昨天超越了客户前天的预期，今天超越了客户昨天的预期，明天又超越了客户今天的预期，那后天呢？客户啊，你的预期恐怕要撑杆跳名将伊辛巴耶娃才能超越吧！

零投诉真的可以实现么？

老板说我们的目标是零投诉！这还不简单，别接投诉电话呗！

没有买卖，就没有投诉！

服务人员说，做好服务就好像在给自己挖坑抬高客户。服务越做越好，客户的地位越来越高，服务的坑也越挖越深。服务人员站在坑底，抬头仰望客户，前途在何方？

ECS
极致服务

4S

服务人员

STAFF

卓越的服务战略，完美的服务体系和熟练的服务技能都需要服务人员来实现。服务人员就像那一颗颗的螺丝钉，把服务战略、服务体系和服务技能紧密地连接在一起，从而获得最高产出。服务人员的素养往往成为企业服务层次高低的关键。

我刚上楼确认过了，会议在6楼，我带您上去
通往30楼
前台
电梯维修

▶ ECS 极致服务真理 101 句

076

千里之堤，溃于蚁穴。

客户在同企业打交道的过程中，只要其中有一个环节，甚至一名员工的言行举止让客户感觉不舒服或不满意，客户就对企业整体服务水准的感受和评价会是负面的。“千里之堤，溃于蚁穴”，讲的就是这个道理。

日期 ________ 天气 ________

Note ________

-077-

时时表达对服务人员的感谢，会极大提升他们的职业自豪感。

现在社会上很多人对成功的定义非常狭窄，一说到成功首先想到的就是财富榜的富豪，仿佛成功只是由财富定义的。俗话说，“三百六十行，行行出状元”。工作没有高低贵贱之分，有的只是社会分工不同。服务人员工作的积极性和满足感很多时候来自企业和客户对他们辛勤付出的认可和感谢。企业年会时，请每天默默打扫卫生的大姐上台接受全体员工的掌声，那种愉悦和满足感会让大姐温暖很久；下飞机时，乘客对着机舱门口列队致谢欢送的空乘们说一声“谢谢”，会让她们开心一整天。尊重每个为我们提供服务的人员，因为是他们让我们的生活变得更加便利与美好。

ECS
极致服务

请别吝啬你对我的赞美

文章选自“服务那些事”公众号

我们偏执地把“赞美”等同于“客套”和“拍马屁”！

几年前，我去一家企业讲课，有位学员加了我的微信。几年后，我又去那家企业讲课，那位学员又来听我的课。课间，他对我说：“岳老师，你知道吗？自从加了你的微信，你朋友圈发的每个帖子我都看。”我非常惊讶地回复道：“是吗？但我从没有看到你的点赞和留言啊！”那位学员回答：我把对您的感激留在了心里！

逢年过节，在微信群里发红包，总有那些领了红包连“谢谢”都不说的人！

我们中国人很不擅长赞美他人。我们很少赞美自己的亲人、自己的朋友，更不屑于赞美陌生人。我们偏执于把“赞美”等同于“客套”和“拍马屁”，我们习惯于把最动听、最美好、最感人的话，留到葬礼的时候说，留到对方再也没有机会听到的时候才说！

别把你对我的爱留到我再也听不到的时候说！

赞美他人真的是“客套”和“拍马屁”吗?

如果你还记得学校里老师曾经教过的“马斯洛需求层次”，那么你一定知道获得他人认同和赞美是人性使然。

马斯洛需求层次理论，把人类的需求分解成五个阶段：

第一阶段生理需求，

第二阶段安全需求，

第三阶段认同需求，

第四阶段尊重需求，

第五阶段精神需求。

五个阶段的需求是递进性的，从最初级的生理需求直至最高级的精神需求。第一、第二阶段统称为“物质文明”，第三、第四、第五阶段统称为“精神文明”，而认同需求正是最初级的精神文明。这个理论恰好证明了为什么很多人富裕后就会开豪车、住豪宅、买奢侈品——表面上我们认为，甚至包括这些人自己也认为这是在显摆和炫富，实际上他们只不过是在满足自己人性中对认同和赞美的渴求。

行文至此，一定会有“杠精”振振有词地反驳道：朋友亲人之间如果还要赞美来、赞美去的，那也太客套和假惺惺了吧？！常言道：“忠言逆耳，良药苦口”。

“忠言逆耳，良药苦口”，如果按照惯常的解释是：忠言逆耳利于行，良药苦口利于病。我的解释是：听得进去才是“忠言”，听不进去就是“逆耳”。如果良药必须苦口，那么为什么我们生病时会吃糖衣药丸或胶囊药丸呢？为什么儿童的咳嗽药水都是甜甜的水果口味呢？你说的话再有道理，还请注意自己说话的方式与方法。

赞美可以使他人塑造良好的性格

我们之所以不懂得赞美，和从小生活的环境密切相关。因为亚洲在成长的过程中很少受到他人的赞美的人，成人后也就非常吝啬自己对他人的赞美。

小学数学考了98分，父母会说：“你看，错的两道题，你平时都会做的，交卷前仔细复查就100分了！”真考了100分，父母又会说：“这次考试很简单，很多人都是100分，所以没什么值得稀罕的！”好不容易考了一次很难很难的100分，父母再一次说：“这只是你人生道路上无数个100分中的一个，为了不让你骄傲自满，所以爸妈不表扬你！”

久而久之，孩子的自我认同感越来越低，给他的生活带来了无穷无尽的痛苦，他会觉得：我什么都做不好。这就是自卑。自卑的孩子长大后，很容易犹豫不决，容易拖延和半途而废，害怕被拒绝，自我设限，逃避现实，很容易恐惧、自我否定。

赞美可以使他人进步和成长

很多年轻人都不会做饭，那是因为他们孩提时，兴冲冲去厨房帮忙做饭，结果把食材洒了一地，长辈们会说：“你真是越帮越忙！去去去，自己玩去吧，别给大人添乱了！”

所以，他永远不会做饭，因为他不想给长辈添麻烦。

很多老公会心血来潮帮着太太做家务，却因把各种颜色的衣服混在一起洗而染色了，结果引来太太的一通责备：“男人家瞎掺和什么呀！你这不是给我添乱吗？”

所以，他永远不会做家务，因为他不想吃力不讨好。

很多母亲除了要忙工作，回家还要忙着做饭给老公和孩子吃，但很多时候收获的却是对她厨艺的指责：“老婆，我觉得你最近厨艺退步了哦！”“妈妈，我不喜欢你做的番茄炒蛋，没放糖！”

所以，她的厨艺很多年都没有长进，因为给家人做饭并没有为她带来乐趣，对她而言只是家庭责任而已。

赞美可以使他人愉悦和帮助他人树立职业自豪感

在企业中，年轻员工满怀激情踏上工作岗位，积极尝试各种工作内容，却换来老员工和领导的指责：“你看你，这么简单的工作都做不好，与其花时间教你，我还不如自己做！”

所以久而久之，员工在工作中停滞不前，无欲无求，觉得自己对企业可有可无。

银行里，经常会看到办理业务的客户对柜员大声呼喝和训斥，小柜员吓得噤若寒蝉，为了保住饭碗，任由客户恶语相向。

所以久而久之，很多银行网点的工作人员都会自嘲为金融民工，字里行间透露着无尽的委屈和心酸。

乘机时，空乘人员都会在舱门口左右一字排开，对着上下飞机的乘客说着欢迎或谢谢。扪心自问，我们中间又有几个人会停下脚步，抬头对视一下空乘人员殷切的眼睛，然后欢快的回复一句：“谢谢！”我遇见很多航空公司的空乘，他们最大的感慨和难过就是乘客对他们所提供服务有种理所当然和冷漠的态度。

所以久而久之，那些空乘也把每天的迎来送往当成了例行公事而不掺入任何的个人情感。

餐厅内，经常会看到有些客人对着服务员大呼小叫，那音量就像是呼叫自己家的小狗小猫一样。面对服务员的端茶送水，上菜倒酒没有任何感谢之词，有时甚至正眼都不看服务员一眼。

所以久而久之，那些服务员也就把自己当做是机器人，不会主动与食客有任何闲话家常和沟通交流，你把我当作机器人，我把你当作桌号。

马路上，长辈们指着扫地的环卫工人，对着不肯好好念书的儿孙说道：“如果你不好好读书，长大后也去扫马路。”我们总是对披星戴月拿着微薄工资的环卫工表达同情、怜悯之情，但很少会有尊重他们这份工作之心。

所以久而久之，那些环卫工人也会顾影自怜，自己也看不起自己的工作，对他们来说工作只是养家糊口的无奈之举。

成功只是“有钱”吗?

我们很多人对成功的定义越来越狭窄，觉得成功就是高富帅和白富美，成功就是每年登上胡润财富榜的那些富豪。这样真的对吗？古人对成功的定义是最恰如其分的：三百六十行，行行出状元。很多我们认为不起眼的工作，其实也是社会正常运转必不可少的。我们之所以觉得那些工作不重要，只不过是它们每天都被很好地完成了而已。试想如果三个月没有环卫工人清扫大街小巷，我们的生活环境将会变得如何？到那时，我们也许才会意识到所谓“各司其职，各尽其责”的真正含义吧！

如果你有足够的耐心读到这里的话，相信很多人在认同我的同时，也会反驳我：我不是不想赞美他人，只是中西方文化不同。老外的性格比较外向，如果在国外大街上对着一个陌生人说：“Good morning！”对方通常都会报以友善的回应。但是如果在国内的大街上对着一个陌生人说：“早安！”绝大多数人是不会回应的，甚至会带着狐疑戒备的神情注视我。这不恰好印证了那句俗语：“热脸贴个冷屁股！”所以，不是我不想赞美他人，而是他人根本不接受我的赞美，赞美他人只不过是自讨没趣。

这个现象是真实存在的。在中国任何城市的大街上，如果你主动向一个陌生人打招呼或赞美他，对方通常都会对你戒备重重，而且很有可能把你的赞美看作是另有所图。

懂得赞美他人，自己也会变得越来越快乐

行为心理学有个定论：我们或他人所说的词语可以影响我们的心情和情绪。

正面的、褒义的词语带给人的心情是开心愉悦的；负面的、贬义的词语带给人的心情是沮丧压抑的，比对一下你甜言蜜语时的心情和你破口大骂时的心情吧。

多多学会赞美他人，因为我们都喜欢和自己喜欢的人打交道。你这辈子要想实现人生梦想，就需要很多人帮忙。别人为什么要帮助你？因为别人喜欢你！

生活中你是否遇见很多从不会赞美他人，只会怼人的人？

我记得有一次去超市买东西，买完后发现会员卡里有 4000 个积分，我就用积分换了一个礼品。换完积分清零后，我觉得这个礼品很漂亮，就脸带笑容地对收银员说：姑娘可不可以多送一个给我？收银员抬头翻着白眼怼我道：“你说呢？”

我是不会生气的，就偷偷一笑，内心暗暗念道：姑娘，你知道你为什么一辈子当收银员吗？因为你说的每句话都把客人得罪了！如果你是一个服务态度非常好的收银员，一年之后，也许你就是收银小队长了，两年后你就是收银大队长了。

古人云：“可怜之人必有可恨之处。”很多人在一个企业工作很久，能力非常强，但一辈子怀才不遇，一辈子得不到提拔，除了与他们的能力有关外，还和他们为人处世的态度密切相关。他们总是愤世嫉俗，永远摆着一张臭脸，谁又会喜欢呢？对身边的陌生人好点、客气点，因为你永远不知道从你身边走过的人是谁，很有可能就是你这辈子的贵人。

赞美他人能不能得到回应，其实并不重要，重要的是懂得赞美他人的同时，自己会得到快乐和愉悦的心情。因为，当我们赞美他人的时候，我们所说的词语都是正面的、褒义的，就算他人不回应我们，我们的心情和情绪也是比较正面和积极的。

记得有一次我去北京出差，从机场到酒店的出租车费一共 138 元，付钱的时候，司机大叔转身对我说："先生，您只需要给我 120 就可以了。"我诧异地回复道："师傅，您为什么给我这么大的优惠？"司机回复道："先生，我开车 20 多年，从没有遇到穿西装打领带的乘客说话是这么尊重我们出租车司机的！""送人玫瑰，手留余香。"说的就是这个道理。

所以，各位朋友和读者：

下次当你上下公交车的时候，请对司机报以微笑并说句："谢谢你！"

下次当餐厅服务员给你端茶送水、上菜斟酒的时候，请你对他们说句："谢谢你！"

下次当你乘坐飞机上下机的时候，请抬头看着空乘的眼睛并真诚地对他们说句："谢谢你！"

下次当出租车司机在寒冷的冬夜把你安全送回家的时候，请你对他们说句："谢谢你！"

下次当你回家吃着妈妈做的晚餐的时候，请你满脸笑容地对着妈妈说句：“真好吃，谢谢你！”

下次当你看到停机坪上机务对你挥手，祝你一路平安的时候，请你对他们竖个大拇指表达：“谢谢你！”

下次当你去银行办理业务后，请你对着柜台里面忙得满脸通红顾不得吃午饭的小柜员们说句：“谢谢你！”

看完这篇文章，请你对着你身边的人，注视着他或她的眼睛，满怀感恩地说句：“谢谢你！”

世界因你而变，和谐社会从赞美他人开始，请别吝啬你对他人的赞美！

078

一线员工所具备的专业知识、技能和职业素质决定了客户对企业整体服务水准的评价。

Extreme Customer Service

每天直面客户的服务人员，其专业知识的深度、谈吐举止的修为，直接决定了客户对企业整体服务质量和水准的评判。

日期 ________　　天气 ________

Note ________

▶ ECS 极致服务真理 101句

079

服务人员是企业和品牌的形象代言人。

“人要衣装，佛要金装”，服务人员应该格外注重个人形象、着装和礼仪修为。他们的一举手一投足，一言一语传递给客户的是企业与品牌的形象。

日期 ________

天气 ________

Note ________

ECS 极致服务真理 101

080

服务人员对服务和客户的认知，决定了服务态度的好坏。

“积思成言”，思想变成了言辞。如果你把投诉的客户想象成“无理取闹”，那你一定会用对待无理取闹的人的态度对待客户。你的负面思想和情绪一定会通过你的言行举止传递给客户，试想客户怎么可能对你的服务表示满意呢？

日期________

天气________

Note________

▶ ECS 极致服务真理 101句

081

服务人员的负面抵触情绪，往往是有效客户服务沟通最大的障碍。

Extreme Customer Service

很多服务人员在服务客户时，往往带有负面和抵触的情绪。客户是我们的一面镜子，我们用什么样的态度对待客户，客户也会用同样的态度对待我们。双方都带着负面情绪进行沟通，这样的沟通怎么可能有效呢?

日期 ________

天气 ________

Note ________

082

请站在客户的认知高度与客户进行沟通。

Extreme Customer Service

“鸡同鸭讲”“盲人摸象”，说的是我们每个人对同一件事情的看法和理解都有可能不一样。在服务客户时，请站在客户的认知高度看问题，这样才能更高效地与客户进行沟通。

日期 ________ 天气 ________

Note ________

083

你是对的，客户不一定是错的。

Extreme Customer Service

服务人员习惯用“无理取闹”来描述那些坚持自己诉求、绝不退让妥协的客户。其实，客户站在自己的角度和立场，同样会觉得服务人员的不近人情。“你是对的，别人不一定是错的”，我们可以坚持自己的规章制度和底线，但同时也要尊重客户有表述自己观点的权利。

日期________

天气________

Note________

084

投诉的客户，是企业最优质的客户。

Extreme Customer Service

很多服务人员和企业都把投诉的客户当作洪水猛兽，当作“找麻烦”和“挑刺”的。请永远记住，投诉的客户只是在表达自己的利益诉求，在帮助你“有则改之，无则加勉”。如果能够有效妥善地处理客户的投诉，就会增强客户对企业的好感。很多企业会花大价钱邀请知名咨询公司对其客户进行满意度调研，其实这些支付了昂贵调研费用获取的信息，投诉的客户都会免费告知企业。所以，请对投诉的客户好一点，他们是在帮助企业改善、成长与进步。

日期________

天气________

Note________

085

很多客户的投诉，
主要是针对服务人员的态度。

Extreme Customer Service

很多时候，客户其实也知道自己的诉求是强人所难，是企业无法满足的。但更让客户不快的是服务人员冷漠的态度。乘客可以接受由于天气原因造成飞机延误的事实，但乘客真的接受不了有些机场地面服务人员那种事不关己高高挂起的冷若冰霜的态度。

日期 ________

天气 ________

Note ________

086

客户的投诉，是服务工作内容的一个组成部分。

Extreme Customer Service

“众口难调”，再好吃的菜，还是会有人不喜欢；再漂亮的衣服，还是会有人说不好看。有客户表扬，就一定会有客户投诉。坦然接受客户投诉是服务工作中不可避免的组成部分，会帮助服务人员在面对客户投诉时保持更平和、冷静与主动积极的态度。

日期________　　天气________

Note________

087

处理客户投诉之前，请先管理客户的情绪；管理客户的情绪之前，请先管理自己的情绪。

Extreme Customer Service

很多服务人员在处理客户投诉时，自己的情绪很容易被客户的负面情绪调动，最后双方的情绪都越来越激动，互相恶语相向，甚至大打出手。专业的服务人员都会很好地管理自己的情绪，他们都懂得应对客户投诉是服务工作的重要组成部分。投诉的客户其实并不是针对某个特定的服务人员，他们只是在宣泄自己的不满与愤怒罢了。

日期________

天气________

Note________

088

外卖骑手的服务水准，决定了客户对线上订餐平台服务的感受。

无论订餐平台线上服务做得多么好，让客户感受最深的往往是开门直面外卖骑手的那个瞬间。

日期 ________ 天气 ________

Note ________

089

能够让你快乐的事情，通常都会让客户快乐；能够让你郁闷的事情，通常也都会让客户郁闷。

Extreme Customer Service

换位思考是高效处理客户投诉的关键，服务人员在处理客户投诉时，首先得扪心自问："如果同样的事情发生在我的身上，我会怎么样？我是不是也会有同样的焦虑和不满？"这样服务人员才可以做到感同身受，以最好的态度尽全力帮助客户解决问题。

日期 ________ 天气 ________

Note ________

090

和气生财，
客户都喜欢和自己喜欢的人打交道。

Extreme Customer Service

像对待“衣食父母”那般和气友善地对待客户，我们每个人都喜欢和自己喜欢的人打交道，所以做服务就应该一团和气。

日期

天气

Note

091

很多时候，员工不是做不好服务，
而是他们不想做！

Extreme
Customer
Service

“会不会”是能力，“想不想”是态度。很多时候，员工之所以不能提供优质的客户服务，并不是他们不会做，而是不想做。因为，他们看不到做好服务能够给自身带来任何的好处和收益。

日期________

天气________

Note________

092

尊重自己的工作，别往自己吃饭的碗里吐口水！

Extreme Customer Service

无论你多么地不喜欢服务工作，你应该知道这份工作是你权衡利弊之后的选择。既然做也得做，不做也得做，那又何必与自己过不去呢？往自己吃饭的碗里吐口水，最后恶心的只是你自己。带着积极主动的心态去工作，你会发现服务工作其实还是有很多乐趣和前途的。

日期 ________ 天气 ________

Note ________

093

把服务工作做好，其实可以收获很大的满足感。

Extreme Customer Service

在任何服务岗位上，如果这份工作是自己权衡利弊之后的结果，做也得做，不做也得做，那就努力把服务工作做到极致。这样自己才能在服务他人的过程中收获极大的满足和愉悦。

日期 ________ 天气 ________

Note ________

094

努力把服务做到极致，
可以得到伯乐和贵人的赏识。

Extreme Customer Service

千里马常有，而伯乐真的不常有吗？服务人员每天都要迎来送往大量的客户。作为一名服务人员，你永远也不知道面对的那些客户的真实背景和身份，对他们好一点，对他们耐心点，对他们绽放一个真心的微笑，把服务做到极致，努力感动他们，也许他们就是你命中的伯乐和贵人。

日期 ________

天气 ________

Note ________

095

把服务工作做好，可以减轻工作的压力。

Extreme Customer Service

压力是人类进步的动力，任何工作都会有压力，我们能够做的就是更好地管理压力。把服务做好不仅可以提升工作效率和客户满意度，更能够使自己受到客户的欢迎和推崇，使工作压力转化成自身进步的动力。

日期 ________

天气 ________

Note ________

096

服务人员职业自豪感的缺失是因为社会大众有时对服务人员缺乏基本的尊重。

Extreme Customer Service

有时我们会看到一些家长和老人，指着街边扫地的清洁工，对着不肯好好读书学习的孩子说道："如果你不好好读书，长大之后就只能去扫大街。"有些客户总是盛气凌人，对服务人员大声呼喝，动不动就恶语相向。人们缺乏对服务人员最基本的尊重，是服务人员职业自豪感缺失的重要原因之一。

日期________ 天气________

Note________

097

服务应该是对等的，是客户和服务人员之间互利互惠，平等尊重的过程。

Extreme Customer Service

客户支付金钱获取自己想要的产品和服务，企业出售产品和服务以获取相应的金钱收益，彼此都得到了自己想要的，这应该是个双赢的过程。所以，客户与服务人员的互相尊重是最基本的服务底线。互利互惠、平等尊重，才能营造和谐共存的商业关系。

日期 __________

天气 __________

Note __________

ECS 极致服务真理 101句

098

精神层面的激励，对提升服务人员工作积极性往往更有成效和持续性。

Extreme Customer Service

物质激励虽然也可以调动服务人员的积极性，却有着非常大的短板和时效性。服务人员只是为了钱而工作，并不是真正发自内心的，没有了持续的金钱激励，他们的服务质量一定大打折扣。雇佣兵为了钱而打仗，但雇佣兵一定不是那支战斗力最强的部队，战斗力最强的是有坚定信念的部队。精神层面的激励往往更能激发服务人员发自内心的职业自豪感，从而树立自动自发、乐业敬业的工匠精神，时刻保持积极主动的服务心态。

日期 __________

天气 __________

Note __________

▶ ECS 极致服务真理 101句

099

尽人事，听天命，改变自己可以改变的！

Extreme Customer Service

很多时候，客户诉求与公司的规章制度是相抵触的，服务人员应该在坚持公司规章制度的前提下，专注于自己可以改变的，以最好的态度尽全力帮助客户解决问题。即便结果不尽人意，我们也可以问心无愧。

日期 ________

天气 ________

Note ________

- 100 -

不仅客户是企业的 VIP，员工更是企业的 VIP。

无论什么样的服务体系和流程，都需要一线员工的全力支持和执行。试想，如果员工的工作待遇很差，工作压力又非常大，并且得不到企业的认可和尊重，幸福感严重缺失。那么，当他们面对客户和工作时，会是怎样的心态？服务客户从善待员工开始，企业应该认可员工的付出和贡献，帮助员工树立职业自豪感、营造幸福感，这样员工才会发自内心地、主动地把最优质的服务提供给客户。

ECS
极致服务

员工才是你的 VIP！

文章选自“服务那些事”公众号

笔者做服务培训、服务咨询和服务管理已经有二十多个年头了，经常有企业的管理者向我抱怨：虽然企业非常重视服务，也花了很多时间和金钱对员工进行服务培训和督导，但员工却不能学以致用。从而导致了空有高大上的服务理念和口号，却无法推动实施，客户的满意度也在大幅下滑，从而伤害到企业的根本利益。更致命的是服务人员对企业缺乏归属感。

中国的服务行业经常喊着特别牛的服务口号：

客户是上帝！

客户永远是对的！

用心服务，用户至上！

要像对待亲人一样对待旅客！

做得到吗？

如果要做到，由谁去做？领导还是员工？

员工为什么做不到像口号喊的那样对待客户呢？

要回答上述这些问题，先听岳老师讲两个真实的故事：

故事一

记得有次去拜访某大型股份制银行的一位支行行长，聊天之际，正好有一位客户来投诉某位柜员的失误操作。

该行长立马把涉事柜员叫到办公室，当着我和那位投诉客户的面，就大声训斥那位柜员："你来这工作几年了？这种低级错误，你知道犯了多少次了吗？每次你犯错，我都教你，你怎么就学不会？你怎么这么笨！"

那位年轻的女柜员，一直低着头，脸涨得通红，眼里噙着泪水。就连原本投诉的那位客户也看不下去了："算了算了，行长你也别骂她了，也不是什么大不了的事情。我们都会犯错，下次注意就是了，你看小姑娘都哭了。"

故事二

某航空公司的学员曾经向我讲述过这样一个真实的故事。

某一航班，飞机进入平飞阶段，空乘们推出餐车，开始为乘客们提供饮料和餐食。空姐小王笑容灿烂，长得也十分可爱，询问每一位乘客："请问先生 / 女士喝什么饮料？"让人觉得可爱和亲切。

当她路过乘客 X 先生座位时，X 先生显然被她吸引了，X 先生便当众直接问她要微信号和电话号码，小王即便觉得尴尬和受到了冒犯，但还是非常有礼貌的回答："先生您好！如果您现在需要任何帮助，可以直接告诉我。如果您下机后，有任何疑问想联系我们，可拨打我们航空公司客服电话，感谢您的理解！”得到这样的回答，X 先生也只得点了点头，没有再做出其他表示。

小王以为事情就这样结束了，但没过几天，就收到了电话客服部门转来的投诉。投诉者正是之前那个航班上的 X 先生，投诉理由是“乘务员服务态度不好，言语间有调侃乘客之嫌”。

国内航空公司对待乘客的投诉，并没有分类为“有效投诉”和“无效投诉”，基本上只要是乘客投诉，航空公司都会受理。小王被领导要求必须亲自对 X 先生的投诉做出回应和道歉，直到 X 先生满意或撤销投诉为止。结果，小王不得不亲自致电 X 先生去道歉。这一来二往的，X 先生反倒是得到了小王的手机和微信号。

很多企业的管理者、老板和领导有个根深蒂固的观念：客户是金钱，是客户养活了企业；而企业又养活了员工，所以员工应该对客户与企业感激涕零。

记得，很多年前和新加坡航空的一位服务总监聊天，他告诉我：**在新航，最重要的 VIP 客户是员工！**

我们确实需要尊重客户，理解客户，以及努力满足客户的需求，因为客户是企业的衣食父母。但企业员工同样是生产的原动力呀！一个企业的产品价值、服务内容、品牌效应，需要通过员工来展现和推动。企业对外部客户满脸笑容，对内部员工却冷若冰霜，要求繁多和苛刻。就算外部客户无理取闹，辱骂甚至动手殴打服务人员时，企业也往往会采取息事宁人，大事化小、小事化了的做法，受伤害的永远是一线的服务人员。试问在这种氛围里工作的服务人员，他们对企业会有归属感吗？！

员工是直接与客户接触的“第一把手”，是“窗口”，每一个产品，每一次服务都是通过员工传递给客户的。试想，如果员工工作环境很差、待遇低下、工作氛围压抑，得不到企业的尊重和礼遇，在客户面前永远都低人一等，甚至是客户无理取闹情绪发泄的出气筒，那么当员工服务客户时，当他们需要营销产品时，当他们需要为企业代言时，他们的言行举止会是发自内心的吗?

企业是心脏和大脑，而员工是在外的手和脚，在内的神经和细胞。员工的工作态度和工作效率决定了这个企业能否健康地发展下去，是否一直能保持生命力！无论一个企业的品牌多么优秀、产品多么独特、服务多么贴心，最终将这些推荐给客户的，仍然是企业的员工呀！

员工才是企业品牌的形象代言人！对他们好一点吧，他们也会对你的客户好一点的。

企业对员工的认可是员工工作最大的动力。企业在努力倡导服务好外部客户的同时，更应该协调服务好内部的员工。经常鼓励、表扬他们，对他们报以真诚的嘉奖；帮助他们改善、提升工作条件；委以恰当的工作和培训，让他们感受到自己的重要性和企业对他们的尊重。

谨记：企业内部服务的水准高低决定了外部服务的水准，只有善待你的员工，把他们看成是自己的合作伙伴。这样你的企业才能永葆活力，走得更高和更远！

员工也是企业的 VIP 客户！

企业对待员工的态度，决定了他们对待客户和工作的态度！员工对企业的归属感来自于尊重感，而尊重感来自于幸福感！

做好客户服务，先从善待你的员工开始。

101

ECS 极致服务

Extreme Customer Service from Service to Experience

ECS 极致服务通过一系列方式管理客户的预期，努力给客户带来惊喜，是客户服务的最高境界！ECS 极致服务不仅仅是满足客户的基本需求，更是在核心环节领先竞争对手，并在精神思想层面与客户进行沟通交融。ECS 极致服务尝试在每次同客户的接触互动中都努力做到极致。享受过 ECS 极致服务的客户，将会成为企业最忠诚的朋友和口碑传播者。

ECS 极致服务，从客户服务到客户体验。

日期 ________

天气 ________

Note ________

ECS 极致服务
（Extreme Customer Service）

ECS 极致服务（Extreme Customer Service），定制化的企业服务质量提升培训课程与服务管理咨询体系。

ECS 极致服务是由资深服务培训师与服务管理咨询专家岳鹏飞先生结合其在服务领域多年来积累的经验所研究开发，并在国内外注册的系列版权服务培训课程与咨询体系。

ECS 极致服务不仅专注于把服务体验、流程与细节做到极致，更注重于服务人员的亲和力与服务态度的淬炼与锻造。ECS 极致服务通过一系列方式来满足客户的需求，并努力超越他们的期望，是服务升级的终极目标。ECS 极致服务追求的是在每一次同客户的接触与交往中都做到极致，给客户带来意料之外的惊喜。享受过 ECS 极致服务的客户，将成为企业最忠诚的朋友、口碑的传播者与品牌的捍卫者。

所谓“ECS 极致服务”(Extreme Customer Service), 就是把每一次客户对企业提供服务的实际感受累加起来，期望在同客户的每一次接触中，能都做到“极致”，从而获得更大的客户满意值。当总和接近极值，说明我们企业的服务非常棒; 若数值维持不变，说明我们企业的服务水准维持不变; 若数值变小，说明我们企业的服务在退步。

ECS 极致服务可以用以下公式模型来表述：

$$F（ECS）=\sum_{\infty}[f(CSF) + g(CSF)]$$

说明

$$f(CSF) = \frac{SRU（我们的服务水准）}{CES（客户预期的服务）} - \frac{SRC（竞争对手的服务水准）}{CES（客户预期的服务）}$$

$$g(CSF) = \frac{SRN 这次服务水准}{CES（客户预期的服务）} - \frac{SRL（前次服务水准）}{CES（客户预期的服务）}$$

其中英文表示：

CSF：Customer Service Feel 客户对服务的实际感受

CES：Customer Expected Service 客户预期的服务水准

SRU：Service Received from Us 我们的服务水准

SRC：Service Received from Competitor 竞争对手的服务水准

SRN：Service Received Now 这次服务水准

SRL：Service Received Last time 前次服务水准

f(CSF) 和 g(CSF)：表示客户对服务的实际感受。

f(CSF)：客户感受到的我们企业和竞争对手所提供的服务之比的差值；差值越大，说明我们的服务越领先我们的竞争对手。

g(CSF)：客户感受到的我们企业前后两次所提供的服务之比的差值；差值越大，说明我们的服务越做越好。

ECS 极致服务咨询

这是一个日新月异瞬息万变的时代。

锦江春色来天地，玉垒浮云变古今。

面对竞争激烈的商业环境，我们用兢兢业业的反复锤炼，用精益求精的标准体系，用精耕细作的极致态度，展现自己与众不同的品牌特色与价值。

面对突飞猛进的科学技术，我们用不断探索的进取精神，用追求极致的信念态度，用客户至上的创新思维，证明自己傲视群雄的专业素养与优势。

金融行业对客户说：我们的产品也许大同小异，但我们可以提供最专业的投资理财建议。

零售行业对客户说：我们卖的不仅仅是产品，而是您和家人共度美好时光的极致体验。

制造行业对客户说：产品飞速的更新迭代，唯一不变的是我们卓越的服务能力与态度。

……

无论时代如何变更，我们始终遵循商业社会亘古不变的法则——创造价值。为客户创造价值；为客户创造更多价值；为客户创造产品以外的价值！而价值的创造需要“一切以客户为中心导向”的 ECS 极致服务体系来贯彻落实。

节物风光不相待，桑田碧海须臾改。
昔时金阶白玉堂，即今唯见服务在。

ECS 极致服务咨询团队在 ECS 极致服务创始人岳鹏飞老师的带领下，汇聚服务行业中外知名咨询师、服务培训讲师、服务管理专家、高校学者，恪守严格的道德准则，以最高的专业水准和最卓越的技术，为企业提供一流的服务。

ECS 极致服务咨询认为：一个企业的服务高度是方法、工具、培训、数据、主意、思考和经验的集合，对企业从事经营活动具有极高价值。ECS 极致服务咨询通过有效的服务知识管理和卓越的服务体系打造、培育公司的核心竞争力，与时俱进，在压力和挑战面前立于不败之地。

ECS 极致服务咨询的使命是帮助企业实现显著、持久的经营业绩改善，打造能够吸引、培育和激励杰出人才的优秀企业体系。ECS 极致服务咨询以企业痛点为立足点，运用契合客户现状的灵活协议模式，从定制化服务体系构建着手，帮助企业通过提升服务内容和质量来获取在市场立足和壮大的竞争优势，同时提供服务培训、服务管理、服务战略制定、服务人才测评等有效解决方案；且针对企业不同的职能块问题，通过系统严谨地分析，给予企业系统的商业管理运作咨询与解答。

ECS 咨询不仅仅能提供系统的服务培训和辅导咨询，还可以通过对企业服务运营管理等多方面的诊断来帮助和引导企业在服务战略方面往更高更深层次处进行思考、改进和创新。经过专业诊断、培训和辅导过的企业往往可以在较短的时间内大幅度地提高服务质量和客户满意度。

在咨询过程中，ECS 极致服务咨询与客户密切合作，帮助客户辨别最具价值的机会，应对至关重要的挑战，并利用服务协助客户进行转型，和客户共同解决问题。在为客户度身订制的解决方案中，ECS 极致服务咨询融入对公司和市场态势的深刻洞察，并与客户组织的各个层面进行紧密协作，从而确保客户能够获得可持续的竞争优势，成长为更具能力的组织并保证成果持续有效。

ECS 极致服务咨询团队结合多年来在服务领域深耕细作的实战经验，研发开创了“4S”企业服务质量提升整体化解决方案。该方案从四个维度(Strategy, System, Skills, Staff) 把服务与企业经营管理与职能有效地串联起来。任何一个 S 维度的提升或缺失都将最终影响客户对企业的认知和感受。ECS 极致服务咨询不拘泥于标准化咨询流程，坚持“不同企业，不同咨询方式”的方针，从协议到咨询方案完全结合企业现状，给企业提供最大投资回报率的咨询方式; 帮助企业在疫情后困难的商业环境下谋生存和发展壮大。

ECS 极致服务咨询主要为企业提供以下方面的咨询服务：

1. 在服务战略方面

打造极致的服务体系获取服务竞争力；

2. 在服务战术方面

了解竞争对手的服务实力和服务优势；

3. 在服务体系方面

拓展新品牌以及为原有品牌重新定位；

4. 在服务质量方面

提升服务质量，员工素养及客户体验。

ECS 极致服务咨询以提升服务质量、打造服务竞争优势，帮助企业制定领先同业的服务体系，从而获取竞争优势，创造品牌价值。无论是以海底捞为目标的餐饮快消，走在科技前沿的创新工厂，创业初始的萌芽新锐，还是抱有因势而变崇高理想的转型企业，都能在追求极致、服务客户中找到自己品牌的优势与价值。

ECS 极致服务咨询的主要客户为招商银行、浦发银行等金融类客户，宜家、新世界百货、红星美凯龙等商场零售客户，东方航空、大金空调、百世物流等服务行业以及以中建集团、戴姆勒奔驰、日立、伊顿等生产制造企业。

阳春布德泽，万物生光辉。

做好服务，熠熠生辉。